REFLEXIONS

SUR QUELQUES PRINCIPES DE DROIT PUBLIC,

ET

PARTICULIÈREMENT SUR L'ILLÉGALITÉ DE LA CONSTITUTION DE L'AN VIII, ET DES SÉNATUS-CONSULTES SUBSÉQUENS;

Soumises à Messieurs les Députés à l'Assemblée Nationale du Champ de Mai,

PAR F. BERNHARD.

PARIS,

L. FOUCAULT, Libraire, quai des Augustins, n.° 17.

1815.

A L'ASSEMBLÉE NATIONALE
DU CHAMP DE MAI.

MESSIEURS,

TANDIS que la nation française s'arme en masse et vole aux frontières pour opposer à l'ennemi un rempart invincible, elle attend avec sécurité de votre sagesse, de votre patriotisme et de votre énergie, une constitution basée, dans tous ses points, sur le principe incontestable que *les nations ne sont pas faites pour les gouvernemens, mais que les gouvernemens sont faits pour les nations.*

Si les hommes d'état qui ont influé sur les affaires de la France depuis vingt-cinq ans, eussent respecté les constitutions plus ou moins défectueuses qui nous gouvernaient, au lieu d'en créer de nouvelles, il est hors de doute que les principes généreux de la révolution française, qui se propageaient en Europe, ne permettraient plus aujourd'hui aux puissances étrangères de nous menacer d'un envahissement aussi honteux que fatal. Les peuples les en empêcheraient. Mais une nation qui change sans cesse de constitution et de gouvernement, n'inspire aucune confiance, et une constitution qui n'offre qu'un mélange de maximes de despotisme et de liberté, porte en elle-même dès sa naissance le germe de sa destruction prochaine.

Ce ne sont pas les invasions et notre système de conquêtes qui ont le plus contribué à nous rendre odieux à nos voisins; nous avons mérité leur haine en les trompant. Nos proclamations leur promettaient la liberté et une sage administration : au lieu de cela nous nous sommes empressés d'établir chez eux toutes les institutions les plus vicieuses, les loteries, les jeux publics, les droits-réunis, la conscription, et ce système destructif en vertu duquel le gouvernement, qui en principe n'existe que pour protéger l'industrie et le commerce, s'arrogeait le droit d'en exploiter pour son compte toutes les branches qui étaient le plus à sa convenance.

L'héroïsme militaire est l'apanage des Français, mais l'héroïsme civique demande un abandon plus généreux, une force morale, plus grande, et il n'est pas aussi commun parmi nous. La France vous a choisis, messieurs, pour servir d'exemple à la postérité de cette haute vertu.

Vous serez sourds aux conseils perfides de quelques hommes vendus à la puissance, qui voudraient vous persuader que, dans les circonstances actuelles, vous ne devez avoir qu'un but, celui de sauver votre patrie du joug de l'étranger. Vous sentirez que la liberté publique doit être aussi votre ouvrage, et qu'il est plus honteux de porter des fers qu'on a pu briser, que d'être vaincu sur le champ de bataille.

Les peuples de l'Europe aussi fatigués du joug qui les force à nous combattre, qu'effrayés des secousses qui ont bouleversé sans fruit leurs institutions et leurs habitudes, attendent de vos vertus civiques le dénouement de cette révolution générale.

Messieurs, comme européen et comme citoyen, je me permets de vous présenter quelques réflexions sur l'acte qui sera l'objet de vos délibérations. Ces idées sont, en majeure partie, la succession d'un homme qui, dans vos premières assemblées, a mérité votre estime. Je n'ai pas hérité de son rare talent, mais l'amour de la patrie m'aura peut-être inspiré. Cette noble passion qui vous anime tous, jointe aux lumières que la France reconnaît en vous, vous fera distinguer dans cet écrit les erreurs de la vérité.

F. B.

RÉFLEXIONS

SUR QUELQUES PRINCIPES DU DROIT PUBLIC,

ET

PARTICULIÈREMENT SUR L'ILLÉGALITÉ DE LA CONSTITUTION DE L'AN VIII, ET DES SÉNATUS-CONSULTES SUBSÉQUENS.

De la tendance de toutes les nations européennes vers la monarchie constitutionnelle.

AUJOURD'HUI le vœu général de toute l'Europe est d'établir des monarchies constitutionnelles ; *point de despotisme! nous voulons un Roi et non un maître!* est le cri général. Quelle est la cause de cette révolution dans les idées, et quel en sera le résultat probable? c'est ce que nous allons examiner rapidement.

En Chine, le peuple ne songe pas à secouer le joug du despotisme. Il ne s'avisera jamais de demander et de discuter une constitution. Cette différence entre les Européens et les Chinois me paraît provenir uniquement de la grande difficulté qu'éprouvent ceux-ci à bien connaître leurs caractères alphabétiques. Le développement de l'esprit public sera toujours excessivement lent et presqu'imperceptible chez une grande nation, dont la masse ne sait ni lire ni écrire. A Pékin, un homme qui lit bien sa langue, est encore plus révéré qu'en Angleterre, où les lois l'autorisent à réclamer devant les tribunaux un adoucissement à la peine prononcée contre lui.

La pensée écrite et surtout imprimée est le meilleur moyen de répandre des opinions nouvelles, et par conséquent de former un esprit public. De deux sentimens entièrement opposés, il résulte, dès qu'ils sont en contact, une opinion générale, et l'esprit public n'est autre chose que cette opinion ; il ne peut exister nulle part où il n'y a pas une circulation perpétuelle d'idées. Ne soyons donc nullement étonnés si, dans le vaste empire de la Chine, le peuple n'a pas encore pensé à se donner une constitution : ce serait en vain que des écrivains philosophes lui auraient appris qu'il n'est pas né pour l'esclavage. Cette vérité étant dans un livre, ne serait jamais parvenue jusqu'à lui.

En Europe, les causes essentiellement génératrices de l'esprit public sont très-multipliées. Nous avons des idiômes qu'on apprend facilement, des écoles, des grandes routes, des postes, des lieux de rassemblemens, des imprimeries, des librairies et le commerce intérieur et extérieur.

Les révolutions de la Suisse, de la Hollande, de l'Angleterre et de l'Amérique, ont donné des secousses au système politique dominant, et la révolution française caressant tous les peuples par les plus brillantes espérances, a ébranlé dans ses fondemens le gothique édifice des monarchies. Mais cette révolution n'a pas eu des résultats aussi heureux qu'on l'espérait. L'Europe a été le théâtre des plus grands malheurs : nous l'avons plongée dans le sang. Alors l'esprit public européen a changé. Les Français furent haïs de toutes les nations. Furieuses d'être tombées dans le piége, et se voyant esclaves d'une puissance dont elles attendaient leur liberté, elles marchèrent en masse contre le peuple oppresseur, et le cri de vengeance força leurs souverains de les conduire à Paris. L'invasion eut lieu parce que les peuples la voulaient; les Français perdirent le sceptre de l'Europe, mais les blessures qu'elle avait reçues étaient toujours douloureuses et même plus qu'auparavant, parce que les gouvernemens continuèrent, avec arrogance, chez ces peuples épuisés par des efforts inouïs, les vexations qui leur avaient mis les armes à la main. Les rois voulurent recueillir où ils n'avaient pas semé. Alors les yeux des nations se désillèrent, elles reconnurent qu'un roi qui exerce un pouvoir absolu est la source de tous les maux qui peuvent accabler un peuple, et c'est ainsi que le cri : *point de despotisme! nous voulons un roi et non un maître*, est devenu universel. Il retentit en Europe d'une manière plus forte et plus énergique encore que celui qui a conduit à Paris les princes malgré eux.

Les peuples obtiendront-ils les constitutions qu'ils demandent?

En examinant ce qu'ont fait et ce que font les princes qui gouvernent aujourd'hui l'Europe, on ne peut guère espérer qu'ils consentent à n'être que les exécuteurs des lois qui ne seront pas leur ouvrage. L'amour-propre et l'orgueil les aveuglent. Ils se croient législateurs et ne sont que rois. Les leçons de l'expérience sont perdues pour eux. Ils croient que le monde périrait s'ils n'existaient pas.

On peut les comparer à cette majesté africaine, qui fut saisie d'un rire convulsif en apprenant d'un Hollandais que la Hollande n'était pas gouvernée par un roi.

Ne pouvant résister à la volonté des peuples qu'ils ont eux-mêmes armés, les princes chercheront à les tromper. Ils leur *octroyeront* des constitutions vicieuses par les formes et le fond, et les représentations nationales, bientôt corrompues, deviendront les instrumens du despotisme; ou s'il arrive que quelques hommes éloquens et amis de la liberté subjuguent une masse imposante de l'assemblée législative, alors le ministère rejettera ses fautes sur cette même assemblée, comme cela se pratique en Angleterre depuis assez long-temps. Lorsqu'un ministre anglais a trompé par une fausse promesse quelque puissance étrangère, il s'excuse quand on en demande l'exécution, en disant : Que la chose est contraire à l'esprit du parlement.

Cet état de choses ne durera qu'un temps. On verra à la fin que les rois et la noblesse ne veulent absolument pas consentir que les nations jouissent d'une liberté praticable ; la volonté nationale décidera alors la question par la force du nombre, et les souverains deviendront ainsi, en dépit d'eux, les fondateurs des républiques. Mais avant cette époque que de malheurs, si l'Europe ne profite pas des fautes de la France !

De la souveraineté du peuple et des constitutions.

La souveraineté réside dans le peuple, par la raison qu'il réunit en lui toutes les forces et toutes les volontés. Il a donc le droit de transporter l'exercice de la souveraineté sur tout individu de son choix, et de la reprendre dès l'instant où le gérant est convaincu d'avoir violé l'acte en vertu duquel le pouvoir lui a été confié.

Tout gouvernement basé sur un autre principe que celui de la souveraineté du peuple, est non seulement vicieux, mais illégitime. Les peuples qui ne sont pas encore convaincus de cette vérité ne tarderont pas à en sentir l'évidence.

L'acte en vertu duquel un gouvernement exerce les pouvoirs qui lui ont été confiés, et qu'on appelle *constitution*, n'est autre chose qu'une procuration par laquelle le peuple convient avec celui ou ceux à qui il a confié les rênes de l'Etat, qu'on le gouvernera de la manière qui s'y trouve exprimée et non autrement.

Il résulte de cela, que le droit de faire la constitution appartient exclusivement au peuple, et que c'est un attentat à la souveraineté légitime, quand un individu quelconque se permet uniquement, dans ses intérêts, de présenter une constitution. J'en excepte toutefois le cas où la volonté nationale aurait été assez imprudente pour le faire inviter, par l'organe de ses représentans, à s'occuper de ce travail.

Ce point est de la plus haute importance, et nous gémissons aujourd'hui sur les calamités auxquelles la France a été en proie pendant quinze ans pour avoir oublié, en l'an 8, ce que nous avions parfaitement reconnu comme principe en l'an 3, savoir : que l'initiative de la constitution n'appartient pas à l'individu dans lequel la nation placera sa confiance, mais exclusivement à cette même nation qui, selon sa volonté, règle les conditions du pouvoir qu'elle accorde.

La constitution est pour le gouvernant ce que l'*Art poétique* est pour le poète. Un bon poète soumettra son imagination aux principes de l'art. Un prince qui n'a d'autre but que de rendre sa nation heureuse régnera toujours conformément aux lois, et n'aura pas le dégoûtant orgueil de s'imaginer que le peuple est heureux par la seule raison qu'il lui obéit.

Cependant un Etat peut recevoir sa constitution de trois manières différentes.

1°. Les représentans du peuple la discutent et la rédigent, et après l'avoir présentée au chef du gouvernement, ils la soumettent à l'acceptation du peuple.

2°. Le chef, choisi par la nation et autorisé par elle à prendre l'initiative, rédige la constitution avec son conseil, la soumet aux représentans qui, ensuite, après l'avoir discutée publiquement, la présentent au peuple.

3°. Le chef de l'Etat rédige la constitution de concert avec la représentation nationale, et elle est ensuite soumise aux votes de la nation.

Il n'y a donc pas de constitution légale, si elle n'est point acceptée par les deux parties, le *peuple* et le chef du gouvernement, et en suivant un des des trois modes que je viens d'indiquer. Le peuple ne peut voter sur sa constitution qu'après avoir été éclairé par les discussions de ses représentans. Si l'on admet que ce soit le chef de l'Etat qui présentera la constitution, il est certain qu'entouré de son conseil, il sera plus éclairé qu'un particulier sur la valeur des expressions qui lui ménagent la faculté de s'emparer d'un plus vaste pouvoir que celui que la nation lui aurait accordé. Pour franchir les limites, il n'a qu'à expliquer à son avantage les expressions équivoques qui se glissent dans la rédaction de l'acte constitutionnel.

Profitons de l'expérience; nous avons sous les yeux les exemples qui nous recommandent la prudence.

C'est constitutionnellement que l'Angleterre fait la guerre à tout l'univers; la dette publique et les impositions par lesquelles le ministère anglais absorbe les neuf dixièmes du gain des ouvriers et des agriculteurs ne sont que le résultat de ses lois constitutionnelles.

Les fautes qui ont diminué d'une manière si déplorable la magnifique population de la France; ces sénatus-consultes des 14 et 16 thermidor an 10, et celui du 28 floréal an 12, que le Sénat, ce corps conservateur de la constitution républicaine de l'an 8, a proposés sans avoir été autorisé par la nation à prendre l'initiative; un grand nombre d'institutions établies depuis cette époque, dont le but est diamétralement opposé à la liberté des citoyens : tout ce qui s'est passé enfin depuis le 22 frimaire an 8 jusqu'à l'an 1814, prouve, il me semble, jusqu'à l'évidence, quel chemin on peut faire, même avec une constitution *républicaine*, sans avoir seulement l'apparence de la changer, puisqu'encore aujourd'hui cette même constitution doit être celle de la France. On y attachera simplement les sénatus-consultes susmentionnés et un acte additionnel.

Veut-on un exemple plus récent d'une constitution rédigée par des ministres, laquelle n'a été soumise ni à la discussion des représentans, ni à l'acceptation du peuple? Qu'on regarde la charte constitutionnelle que Louis XVIII a *octroyée* à la nation française. A la première vue, elle offre une réunion d'idées libérales; mais en l'examinant de près, on voit combien les expressions sont vagues et remplies d'ambiguité; aussi la sagacité des ministres de Louis XVIII y a t-elle trouvé les moyens de le faire descendre du trône en très-peu de temps.

Le vote du peuple, sans la discussion préalable de ses représentans, n'est autre chose qu'une supercherie du despotisme. Mais ses sourdes menées une fois connues, il doit trembler de se mesurer avec une nation de héros qui veut être libre.

La discussion préalable devient encore nécessaire pour paralyser l'influence de cette innombrable cohorte d'employés d'Etat, que les gouvernemens, dans les temps modernes, ont créés avec profusion pour augmenter le nombre de leurs partisans. Cette classe d'hommes, à laquelle d'ailleurs je ne dispute pas son utilité, penchera toujours dans un vote libre non seulement du côté du chef dont elle attend son existence, sans s'inquiéter du danger qui résulte de cet égoïsme pour la patrie; mais elle entraînera aussi, par l'intrigue, tous ceux dont le discernement n'a pas été éclairé par la discussion.

Il me reste à parler de la part que l'armée doit prendre aux délibérations qui ont pour objet un acte constitutionnel.

On ne peut, en aucun cas, lui disputer le droit de voter; mais elle ne se trouve pas toujours organisée de manière à pouvoir être admise sans danger aux délibérations des représentans.

Une armée composée de citoyens, qui consacrent leur vie à la patrie, qui reçoivent de la nation les récompenses des services distingués qu'ils lui ont rendus; une armée sous le commandement de chefs nommés par le peuple, qui est le juge de leur conduite; une armée entretenue et payée par lui, est, sans contredit, le corps le plus respectable de l'Etat, et doit, de plein droit, avoir des députés parmi les représentans.

Mais une armée qui a pour général le chef de l'Etat, qui reçoit de lui sa solde, qui reçoit de lui seul toutes les récompenses; une armée dont les chefs ont cessé d'être fonctionnaires de la nation, parce que la simple volonté du maître suffit pour leur enlever leur activité et leur traitement; une telle armée n'est plus nationale, et quels que soient ses exploits, il faut l'écarter de l'assemblée législative, parce qu'il est de son devoir et de son intérêt personnel de ne porter dans les délibérations que l'opinion de son chef, auquel elle a juré une obéissance aveugle.

CONCLUSIONS.

Depuis vingt-cinq ans, des flots de sang ont inondé l'Europe pour la cause de la liberté, et la France n'est pas libre; nous en concluons que de grands succès militaires ne font ni le bonheur ni la véritable gloire d'un peuple. Les exemples de l'antiquité prouvent que cette gloire est toute entière dans la sagesse et la solidité des institutions politiques.

La France ne jouira d'une paix durable que quand elle se sera donné une constitution forte et libérale, qui offrira une garantie certaine de ses intentions aux autres gouvernemens de l'Europe, et par laquelle elle reconquerra leur estime.

Nous avons tâché de démontrer que toute constitution est illégale, si elle n'a pas été demandée par le peuple à ses représentans, qui doivent avoir l'initiative de la rédaction, abstraction faite de la discussion qui leur appartient de droit.

Comme l'acte constitutionnel du 22 frimaire an 8, les sénatus-consultes des 14 et 16 thermider an 10, celui du 28 floréal an 12, et l'acte additionnel du 22 avril 1815, n'ont pas été faits d'après les principes indiqués, et que ces actes sont si contradictoires entre eux, qu'il est impossible d'en composer une constitution qui puisse convenir à la France, que son gouvernement soit monarchique ou républicain, nous avons regardé comme inutile de fixer l'attention sur les vices nombreux qui se trouvent dans ces différens actes, et nous pensons que l'assemblée nationale jugera dans sa sagesse qu'il faut absolument reconstruire notre édifice politique sur des bases plus solides, et surtout plus légales.

Le plus grand capitaine qui ait paru en Europe, depuis la destruction de l'empire romain, a relevé parmi nous un trône que la foudre révolutionnaire avait dévoré. Mais sa gloire militaire, son génie, son infatigable activité, n'ont pu le garantir des vicissitudes attachées à l'espèce humaine. Nous l'avons vu tomber du faîte des grandeurs, parce qu'il n'a pas su mettre des bornes à son pouvoir, et qu'aveuglé par de vils adulateurs, il a cru qu'il y avait autant de gloire à être le plus puissant des monarques, que d'être le chef d'un peuple libre. Mais ce colosse s'est relevé. La France se presse autour de lui : elle attend de son génie et des leçons du malheur, mais surtout de la représentation nationale, une constitution qui la place au premier rang des nations civilisées.

FIN.

DE L'IMPRIMERIE D'ADRIEN EGRON,
rue des Noyers, n°. 57.

www.ingramcontent.com/pod-product-compliance
Ingram Content Group UK Ltd.
Pitfield, Milton Keynes, MK11 3LW, UK
UKHW032038260826
14628UKWH00007B/3038

9 782013 253680